NATIONAL GEOGRAPHIC

School Publishing

D0503574

¡Viva el reciclaje!

EDICIÓN PATHFINDER

Por Barbara Keeler

CONTENIDO

¡Viva el reciclaje!

Por Barbara Keeler

En los EE.UU., una familia promedio compuesta por cuatro personas desecha cada año 2907 kilogramos (6409 libras) de papel, vidrio, plástico, restos de comida y otros tipos de basura. ¡Eso equivale al peso de 115 estudiantes de tercer grado! Esas cantidades de basura se acumulan. Pueden contaminar el planeta y afectar la vida silvestre.

La buena noticia es que la gente puede reciclar parte de esta basura. Probablemente hayas descartado envases en un cubo de reciclaje. ¿Qué sucede luego? Un camión los transporta a una planta de reciclaje. Allí, los envases sólidos se derriten y se convierten en líquidos. Luego los líquidos se convierten en nuevos sólidos. La gente puede luego utilizar los nuevos sólidos. La reutilización de sólidos significa menos basura para la Tierra.

Recursos del reciclaje

¿**P**or qué es importante el reciclaje? La gente está utilizando rápidamente los recursos de la Tierra para hacer nuevas cosas. Pero cuando la gente recicla, no se daña a la Tierra para obtener nuevos recursos. El reciclaje también ahorra energía porque la fabricación de productos nuevos utiliza una gran cantidad de energía.

Contaminando la Tierra

La basura está compuesta de sólidos, líquidos y gases. Mucha basura termina en un **relleno sanitario.** Los sólidos tienen una forma definida, pero los líquidos y gases adoptan la forma de sus recipientes. Todas estas clases de materia ocupan espacio.

Eso significa que los rellenos sanitarios pueden ocupar mucho espacio. Piensa en una lata de jugo medio vacía. El metal sólido ocupa espacio ya sea que esté aplanado o no. Todo jugo sobrante en la lata, o líquido, también puede ocupar espacio. Incluso el aire presente en la lata, que es un gas, ocupa espacio.

Acumulación de basura. Algunas ciudades se quedan sin espacio para los rellenos sanitarios. El reciclaje ayuda a que algunos elementos no vayan a parar a un relleno sanitario.

Desforestación total. Los mineros han desforestado esta zona para explotar el mineral de **bauxita**. Este se utiliza para fabricar productos de aluminio.

Reciclaje del vidrio

El vidrio es un elemento que a menudo se recicla. Los envases de vidrio se clasifican por color. Luego, el vidrio se tritura y derrite en un horno.

El vidrio fundido se saca del horno. Luego se sopla en moldes. Se enfría, se endurece para formar de nuevo un sólido, y se saca del molde. Luego se corta en piezas para hacer una botella o un frasco.

El reciclaje de un frasco de vidrio ahorra la suficiente energía como para iluminar una bombilla de 100 vatios durante cuatro horas.

Reciclaje de metales

¿Has reciclado alguna vez una lata? ¿Qué pasa con ella? Primero, va a una planta de reciclaje. Allí, aspas gigantescas la despedazan. Luego, se eliminan los revestimientos. Entonces un horno inmenso la convierte de sólido en líquido. Fundir una lata vieja para convertirla en metal líquido no utiliza tanta energía como la que se necesita para hacer metal líquido nuevo.

El metal fundido o derretido puede convertirse en barras y enfriarse hasta volverse sólido. Más tarde, las barras se aprietan entre enormes rodillos para aplanarlas. Luego se convierten en láminas metálicas arrolladas para hacer latas nuevas.

Reciclando plástico

Los materiales plásticos pueden durar cientos de años. ¡De modo que nos conviene reutilizarlos! Algunos plásticos se funden y reciclan de manera similar a la del vidrio. El plástico reciclado se utiliza para muchas cosas. Probablemente camines sobre plástico reciclado todos los días. Algunas fibras para alfombras se fabrican con él. Probablemente también lleves puesto plástico reciclado. La ropa de poliéster a menudo se fabrica con él.

El plástico es más difícil de reciclar que el vidrio. ¿Por qué? No todos los plásticos son iguales. Cada tipo contiene materiales diferentes con propiedades diferentes.

Algunos plásticos se funden a temperaturas diferentes que otros. Eso hace que sea difícil para las plantas de reciclaje poder reciclarlos.

Mucha basura cambia de sólido a líquido y nuevamente a sólido durante el proceso de reciclaje. Los sólidos pueden ser fundidos y convertidos en nuevos productos. Algunas veces se añaden gases. La adición de gas a ciertos tipos de plástico líquido forma espuma de plástico para vasos térmicos.

Podemos reciclar muchos desechos modificando su estado.

Tree Musketeers

La ciudad de El Segundo, California, recoge y recicla los materiales plásticos. Brook Church recuerda cuando El Segundo no tenía un programa de reciclaje. Es por ello que inició uno a los 12 años. Él, su hermana de diez años de edad y algunos amigos pertenecían a un grupo llamado Tree Musketeers.

Marcando una diferencia. Tree Musketeers ayudó a los residentes a reciclar hasta que la ciudad estableció un programa. Hacia 2009, Tree Musketeers había ganado cuatro premios presidenciales.

Tree Musketeers comenzó por redactar columnas sobre el reciclaje en el periódico. Luego pusieron algunos contenedores enormes. La gente desechaba allí los materiales **reciclables**. Los padres llevaban los sólidos a un centro de reciclaje.

Luego de un par de años, la gente de El Segundo quiso que sus productos reciclables se recogieran en sus casas. Esto se llama recolección en la acera. Tree Musketeers solicitó al concejo municipal que comenzara a recoger los materiales reciclables en la acera. El concejo se opuso. De modo que Tree Musketeers encontró otra solución.

¡Éxito!

Tree Musketeers llamó a un transportista de residuos. El transportista de residuos acordó recoger los materiales reciclables a cambio de una remuneración. El programa le costó a la gente $6.00 por mes. Tree Musketeers recogía el dinero para pagarle al transportista de residuos.

Finalmente, y luego de 13 años, la ciudad se hizo cargo. La ciudad comenzó a recoger los materiales reciclables en cada hogar. La recolección en las aceras se hizo de manera gratuita.

Reciclaje
en todas partes

Ahora muchas ciudades cuentan con recolección de productos reciclables en las aceras. Los niños de todo el país están convirtiendo el reciclaje en una parte de sus vidas.

Los niños de Santa Rosa Beach, Florida, contribuyeron a que fuera más sencillo reciclar la basura en su comunidad. Los niños trabajaron para conseguir más bolsas para el programa de bolsas azules. Con este programa, la gente pone sus materiales reciclables en bolsas azules. Las bolsas son recogidas junto con el resto de la basura. En el relleno sanitario, los trabajadores separan las bolsas azules del resto de la basura. ¡Luego los materiales reciclables son llevados a plantas de reciclaje! En algunos lugares hacen lo mismo, solo que con bolsas de colores diferentes.

La clase de primer grado de Gwen Wright, en la escuela primaria de Butler, en Florida, dio el primer paso. La clase recogió 239 firmas de estudiantes para una petición. La petición solicitaba a las tiendas que vendieran bolsas azules. Algunas tiendas comenzaron a venderlas. A medida que las bolsas se fueron haciendo populares, el condado distribuyó algunas bolsas de manera gratuita.

Se necesita energía para fundir los sólidos para su reciclaje. En Santa Rosa Beach, Florida, **Ella Robinson está aprendiendo en primer lugar a no producir basura sólida.** Ella lleva su propia servilleta de tela y lava sus propios platos en la escuela. Cuando Ella va de compras con su abuela, ambas llevan sus propias bolsas de compras.

Estos niños y muchos otros están trabajando duro para alentar el reciclaje en sus comunidades.

Cómo controlar los desechos:
Las cuatro "R"

Aquí hay algunas maneras de ayudar a reducir los desechos.

REDUCE

Compra cosas con poco o ningún embalaje.

Lleva tus propias bolsas a la tienda.

Lleva tus propios vasos o recipientes cuando compres bebidas.

Compra cosas reutilizables, no desechables (platos, servilletas, toallas, paños de cocina).

Produce abono, o fertilizante, con los desechos del jardín y algunos restos de comida.

REUTILIZA

Reutiliza los envases (cajas, bolsas, botellas, frascos, tubos de plástico).

Escribe tus notas en papel ya utilizado.

Compra cosas usadas. Repara, vende o regala las cosas viejas.

RECICLA

Cuando estés fuera busca cubos de reciclaje.

Escribe a las empresas que fabrican los contenedores de plástico. Pídeles que coloquen símbolos en las tapas para que los centros de reciclaje se los lleven.

RECUPERA

Compra productos hechos de materiales reciclados.

Compra productos que vengan en envases y contenedores reciclados.

Vocabulario

bauxita: mineral que se usa para fabricar aluminio

reciclables: cosas que pueden ser convertidas en nuevos productos

relleno sanitario: área de terreno donde se almacena la basura

Cacharros
De la carretera al centro de reciclaje

Cuando los automóviles envejecen, en ocasiones ya no sirven para conducir. A veces, la gente llama a estos automóviles cacharros. Algunos de ellos son vendidos como chatarra. Muchas de sus piezas se reciclan.

Las autopartes mostradas aquí pueden ser reutilizadas en otros automóviles.

ventanas

parabrisas

sección delantera

sección trasera

rueda

paneles de la carrocería

¿Qué sucede cuando un cacharro se vende como chatarra? En primer lugar se eliminan los líquidos tales como el aceite. Algunos se reciclan. Luego algunas de las piezas del automóvil se venden y reutilizan.

Después, el automóvil es a menudo aplastado y aplanado. Las piezas se destruyen. Enormes imanes separan los metales del resto de los materiales. Luego los metales se funden y convierten en otros productos.

¿Qué sucede con los neumáticos? Muchos rellenos sanitarios no aceptan neumáticos. Ocupan demasiado espacio y no se destruyen muy fácilmente. Los neumáticos buenos se utilizan en otros automóviles. Algunos se utilizan para otros fines, tales como la construcción de muros de contención para detener las inundaciones. Otros se reciclan sin derretirse. Se pueden cortar y usarse para otros productos, tales como sandalias. Algunos neumáticos se muelen y desmenuzan. Se utilizan para acolchar alfombras o como relleno de carreteras.

¡Viva el reciclaje!

¡El reciclaje es importante! Responde las siguientes preguntas para comprobar lo que has aprendido.

1 Enumera tres razones para reciclar.

2 ¿Cómo se recicla el metal?

3 ¿Por qué es más difícil reciclar el plástico que el metal?

4 ¿Cómo cambiaron los Tree Musketeers el reciclaje en su comunidad?

5 ¿Para qué se utilizan los neumáticos viejos luego de ser reciclados?